Jot Fau

Elles sont cassées, elles marchent encore

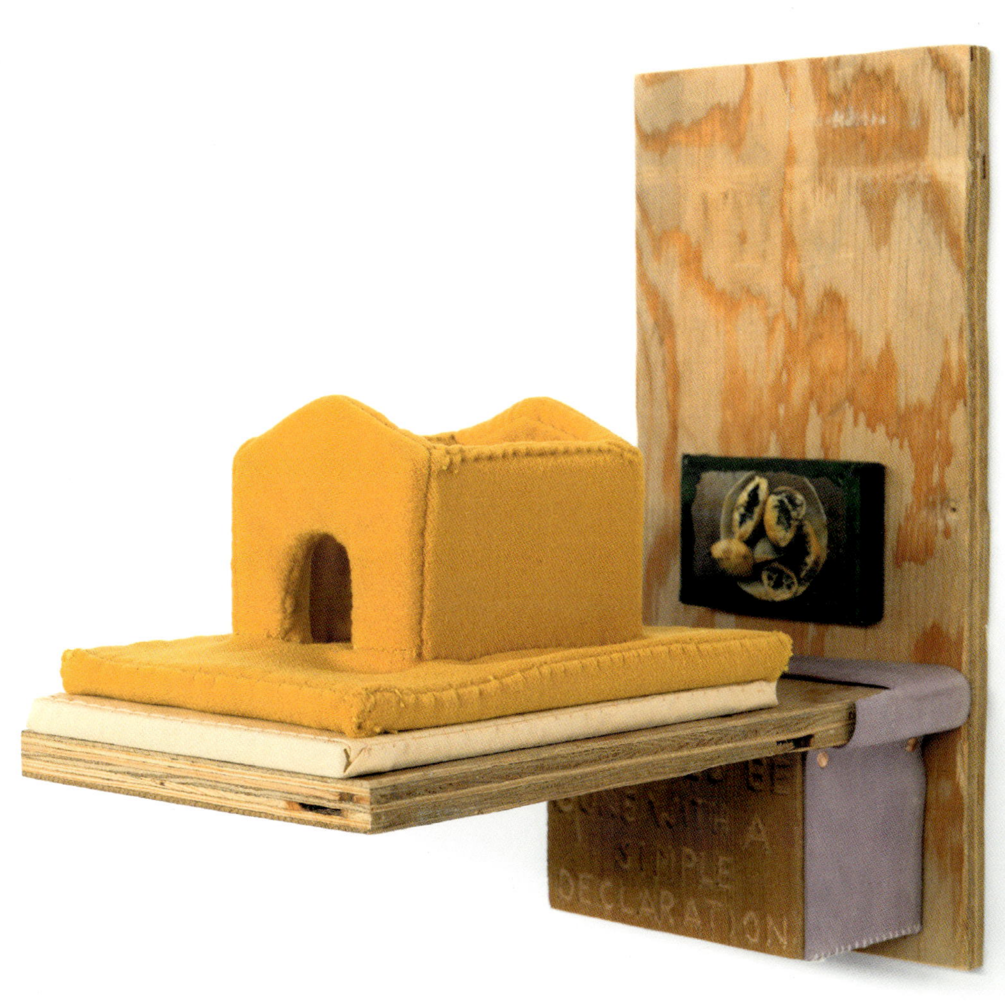
A
DECLARATION

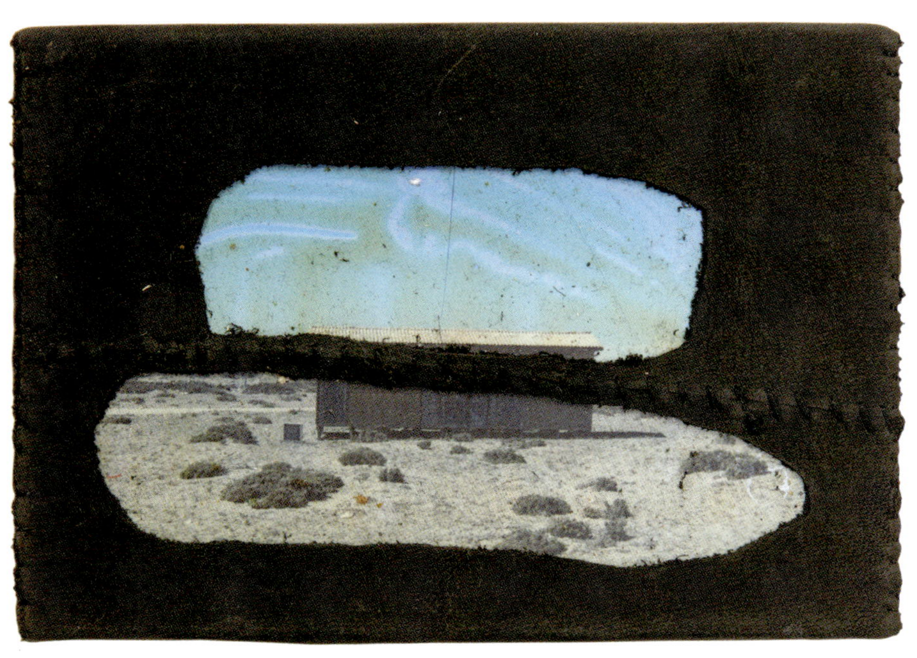

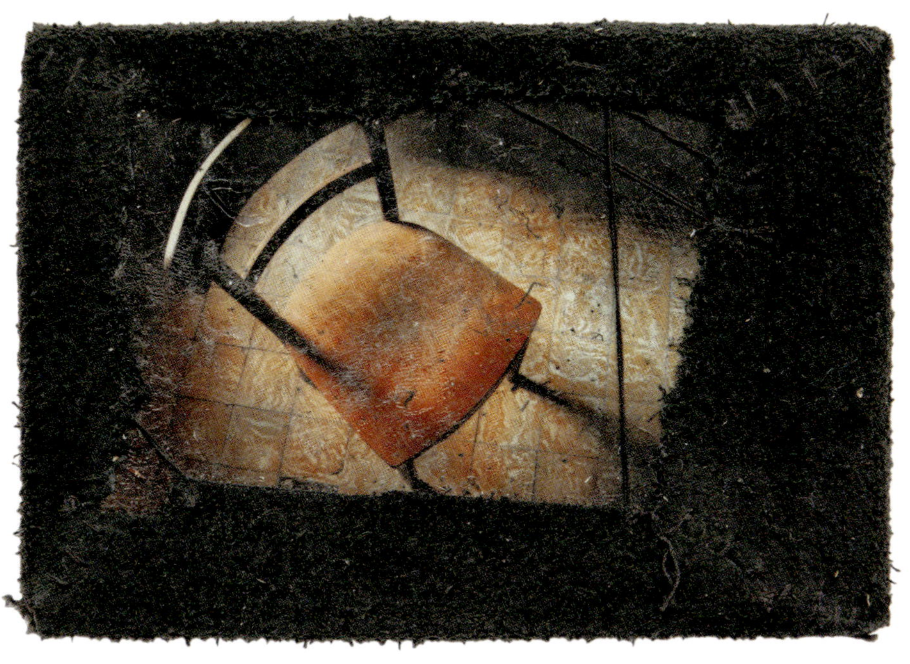

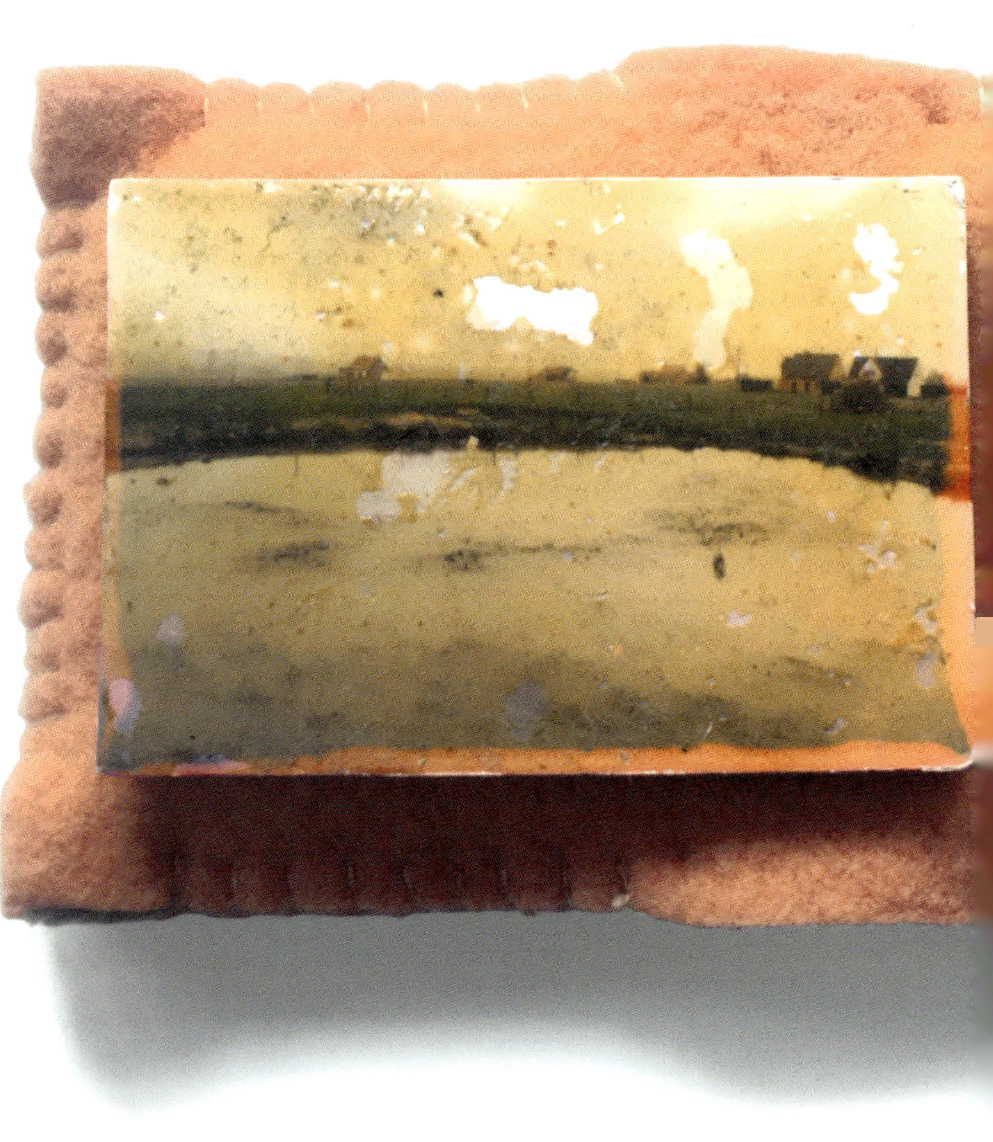

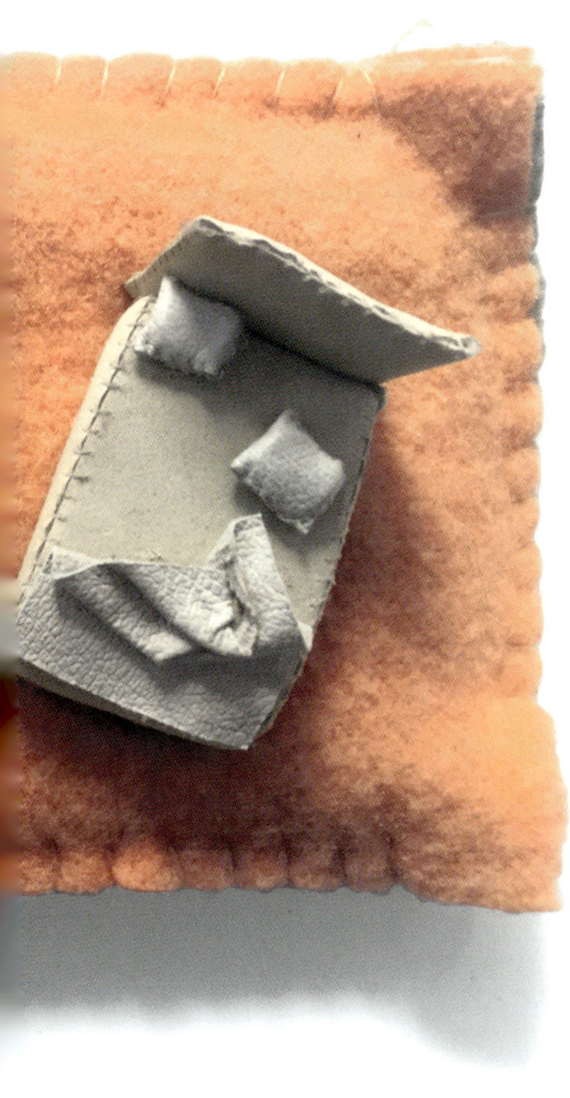

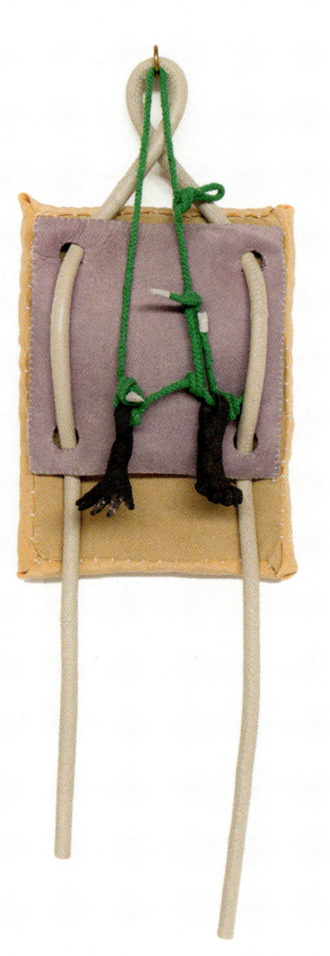

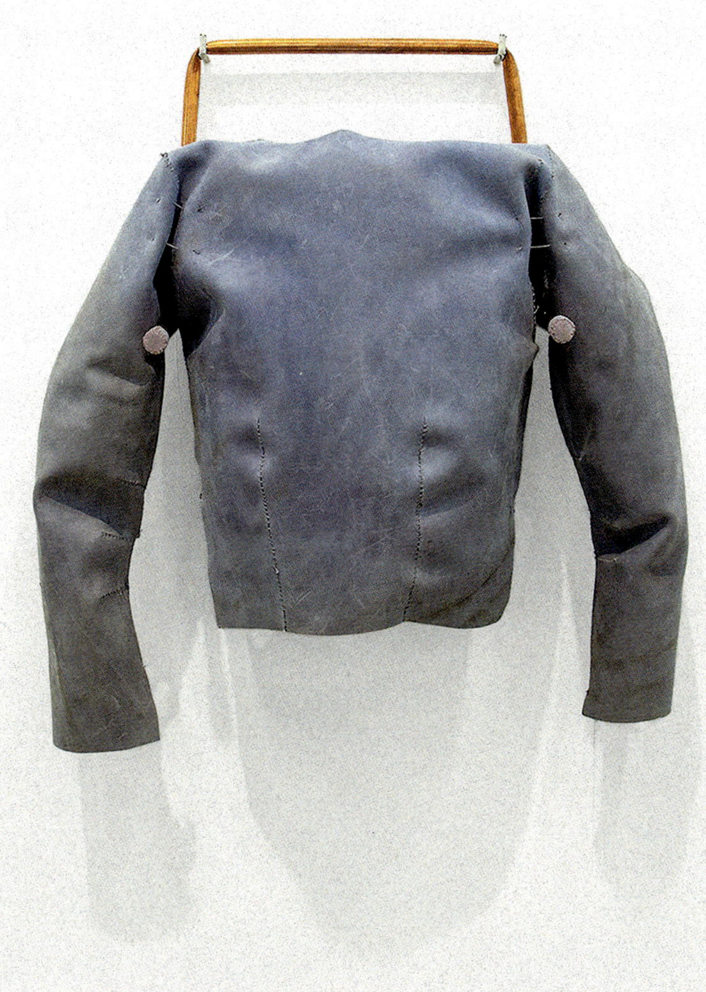

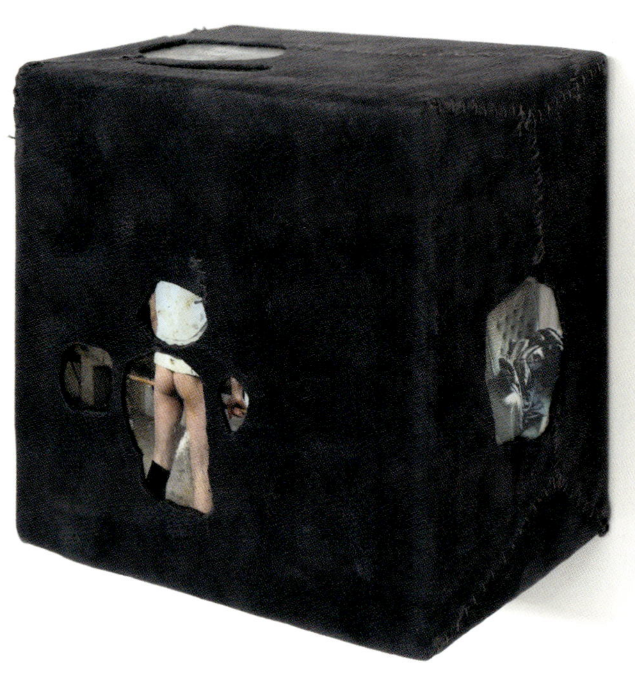

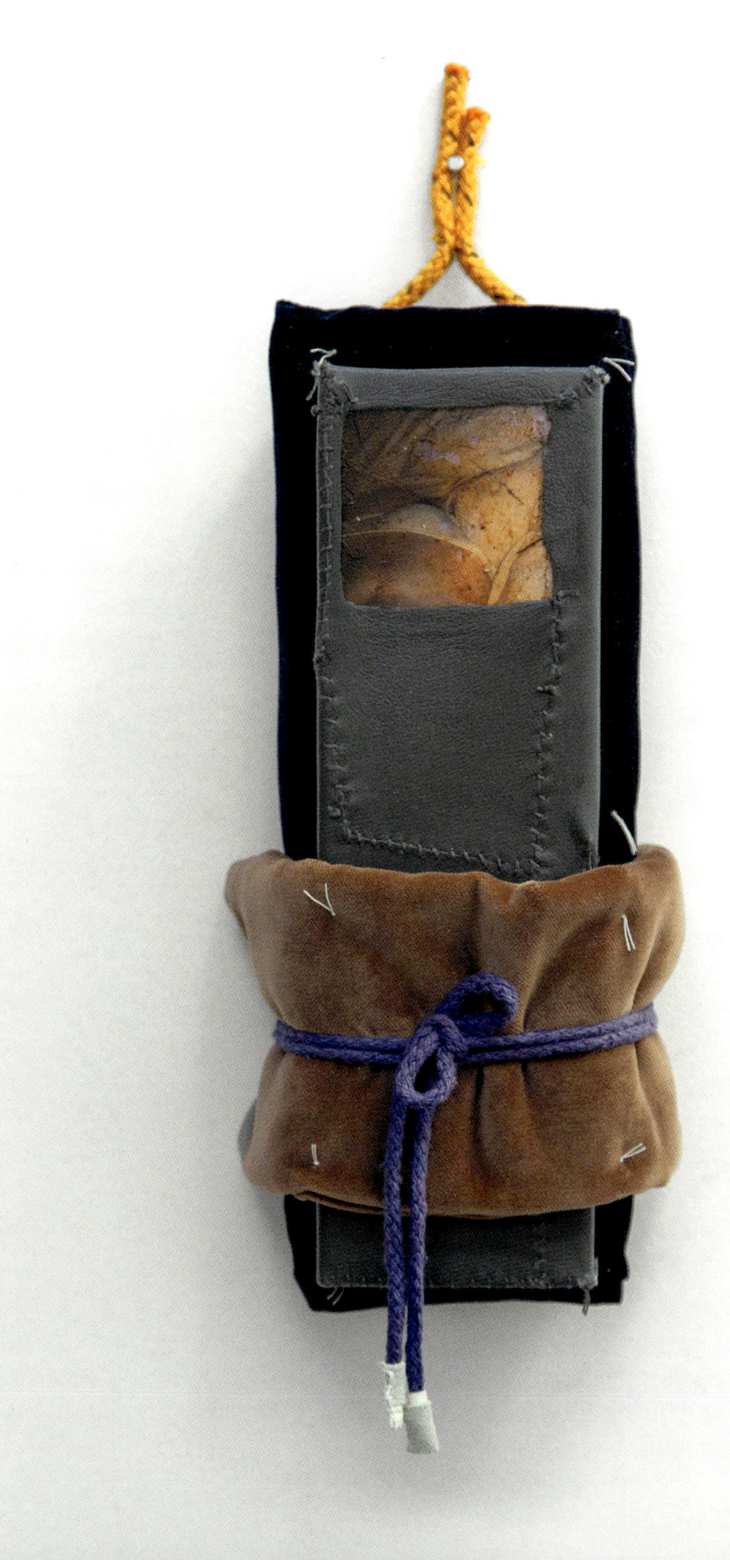

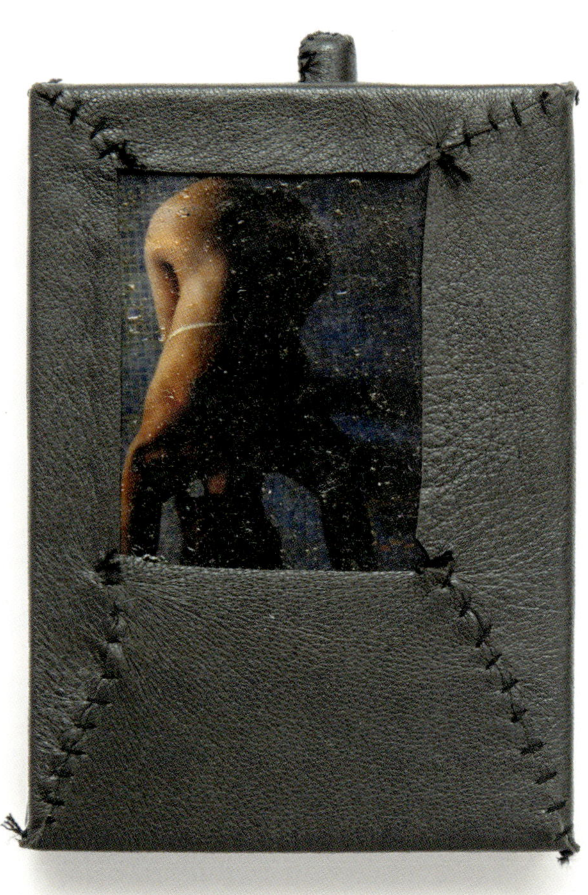

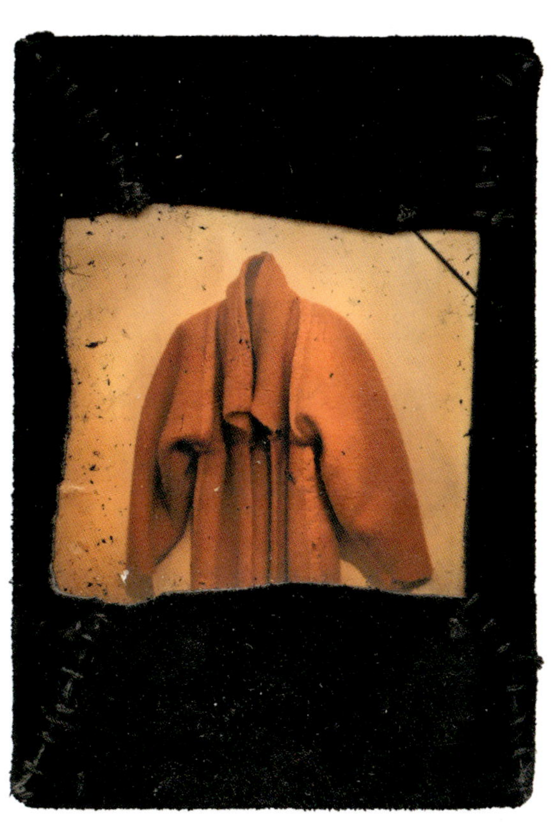

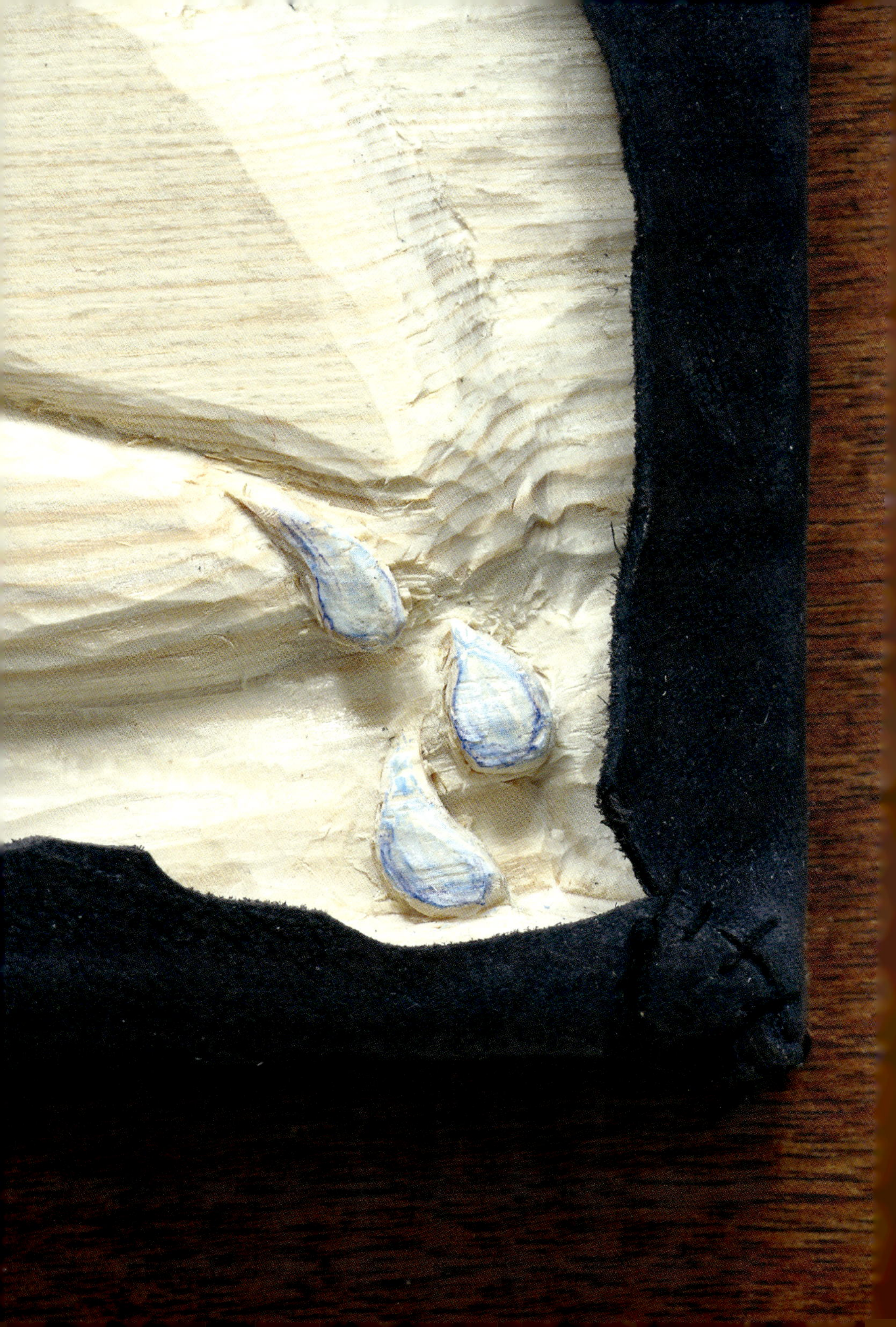

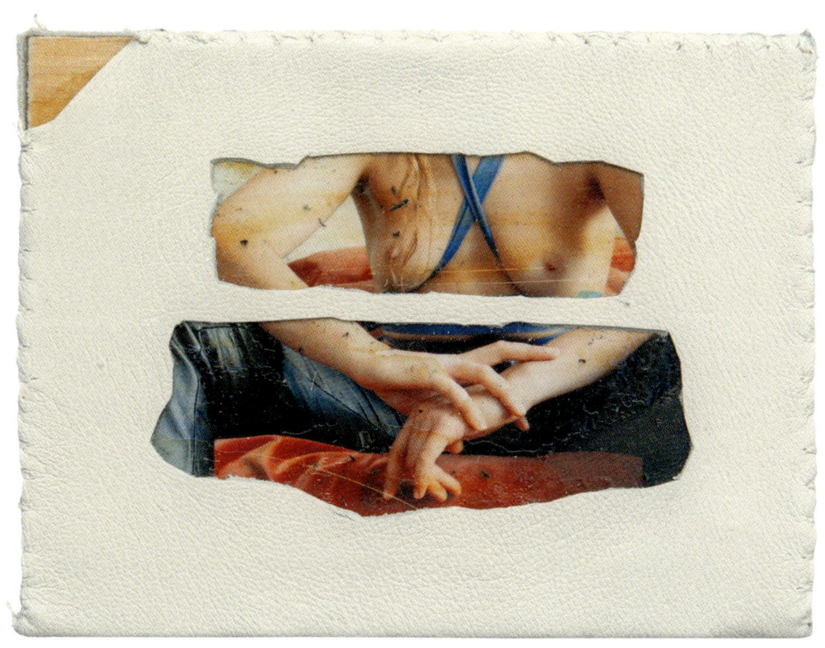

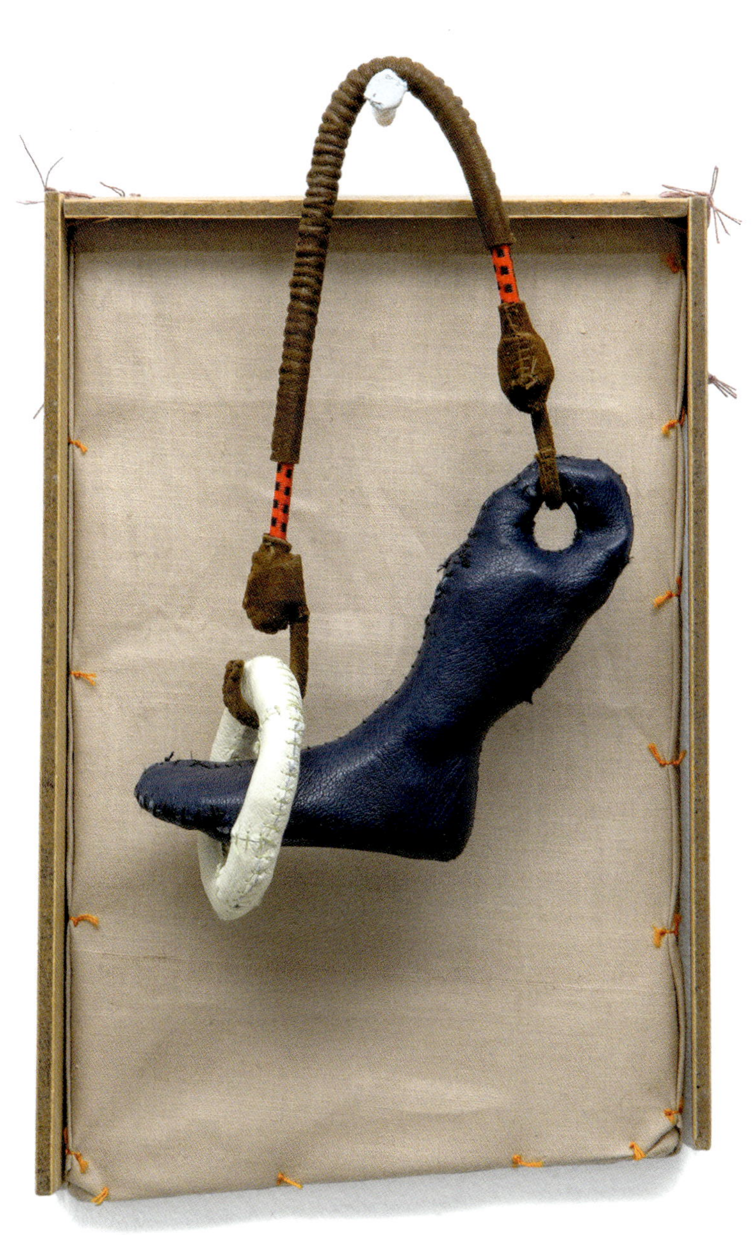

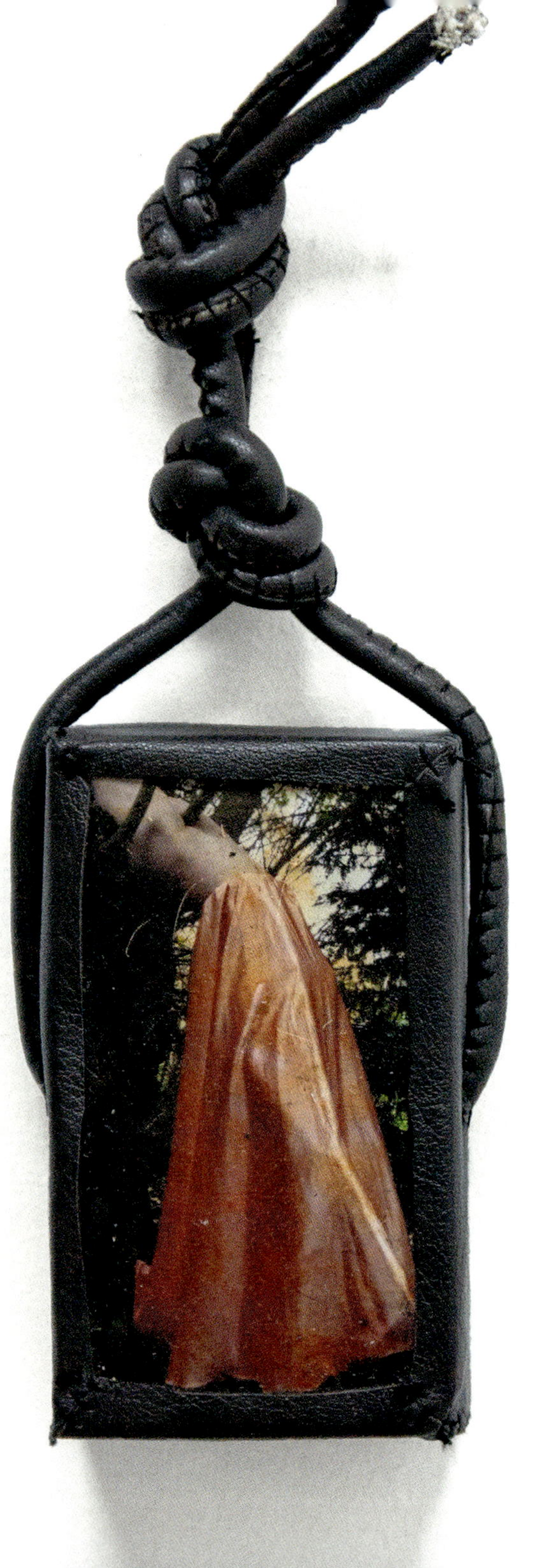

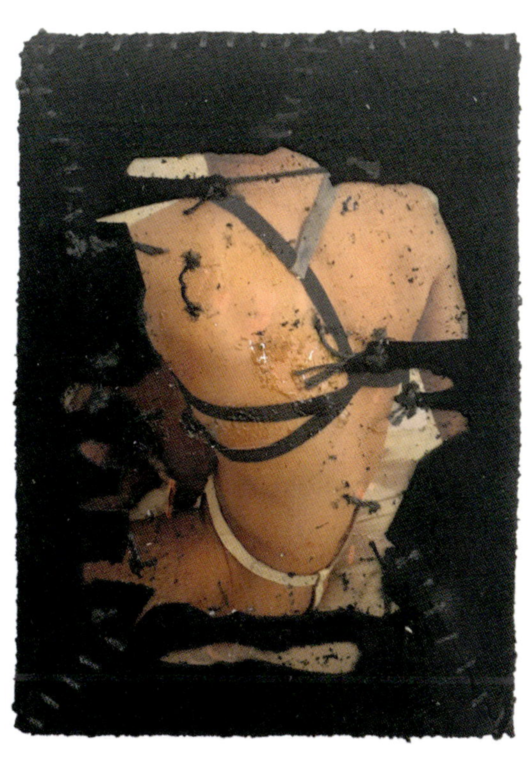

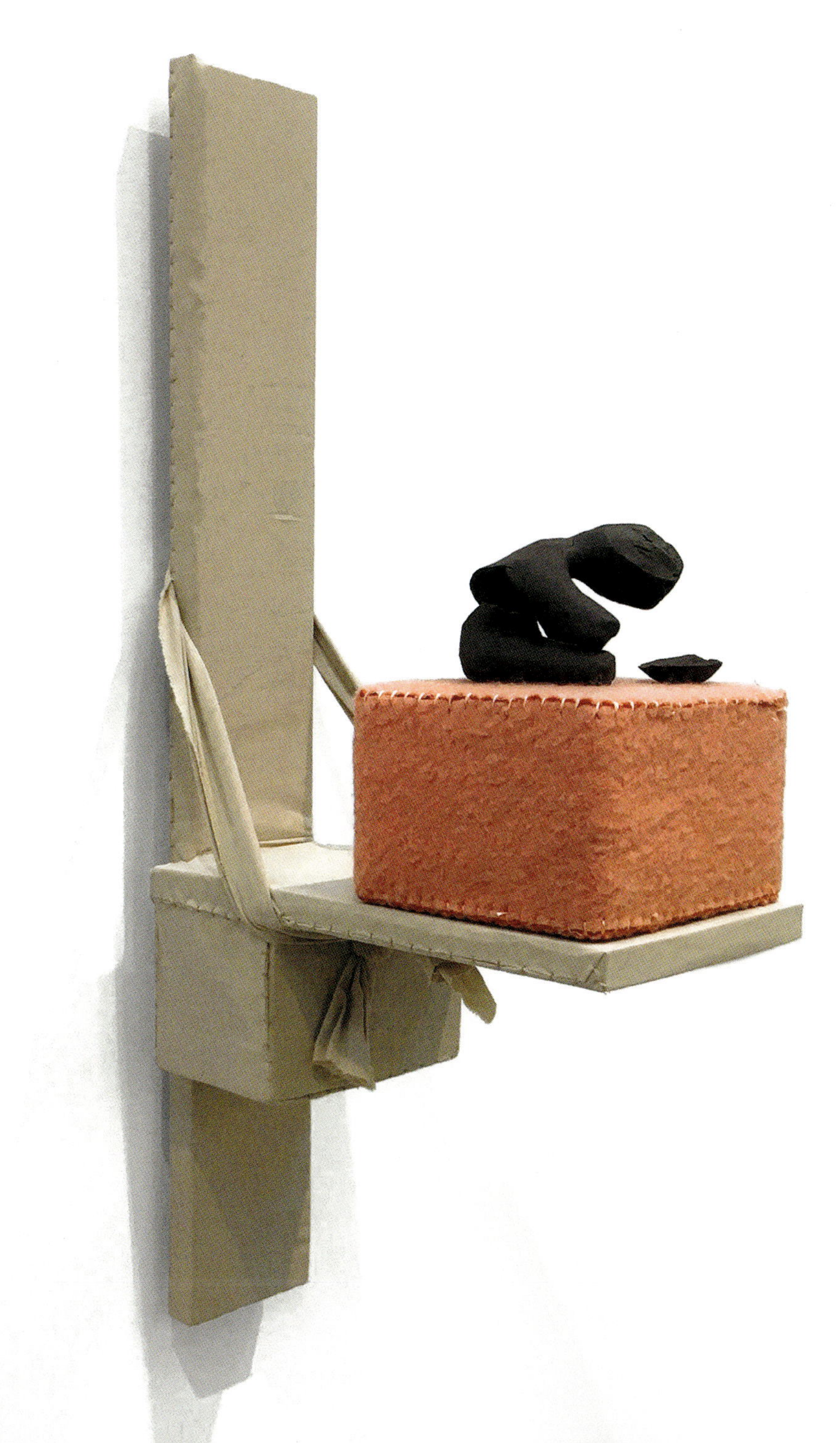

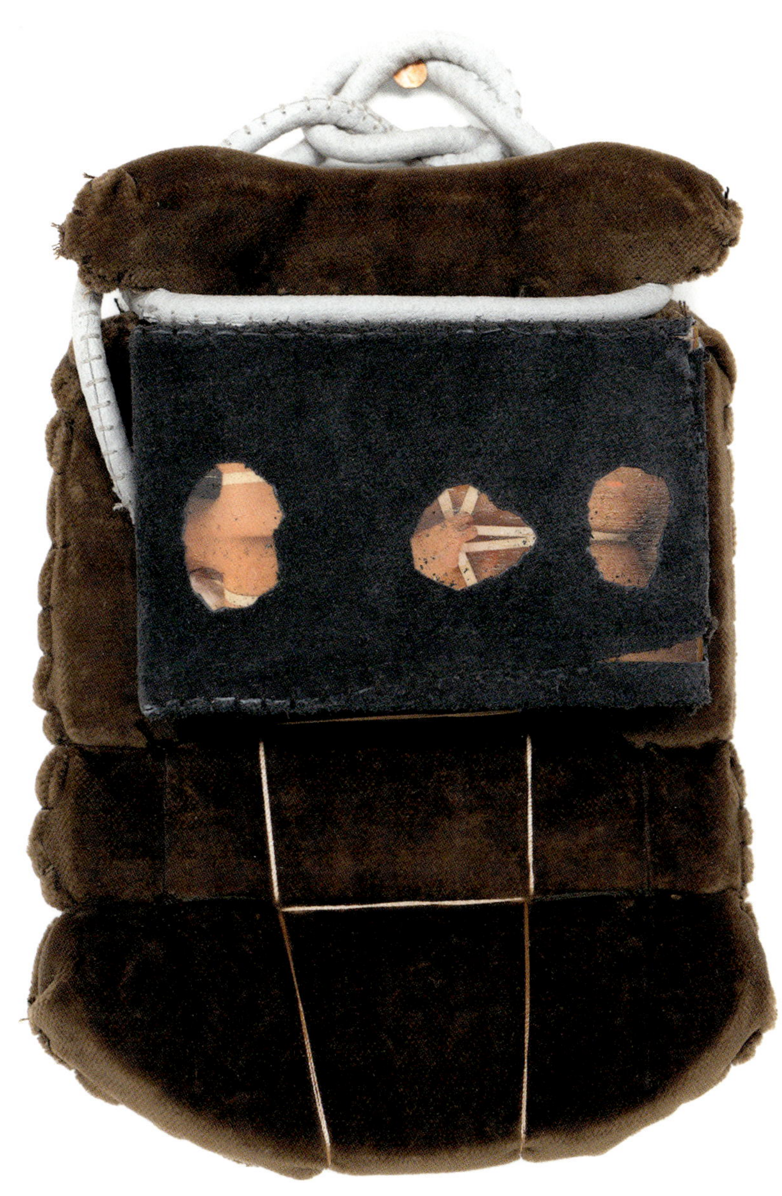

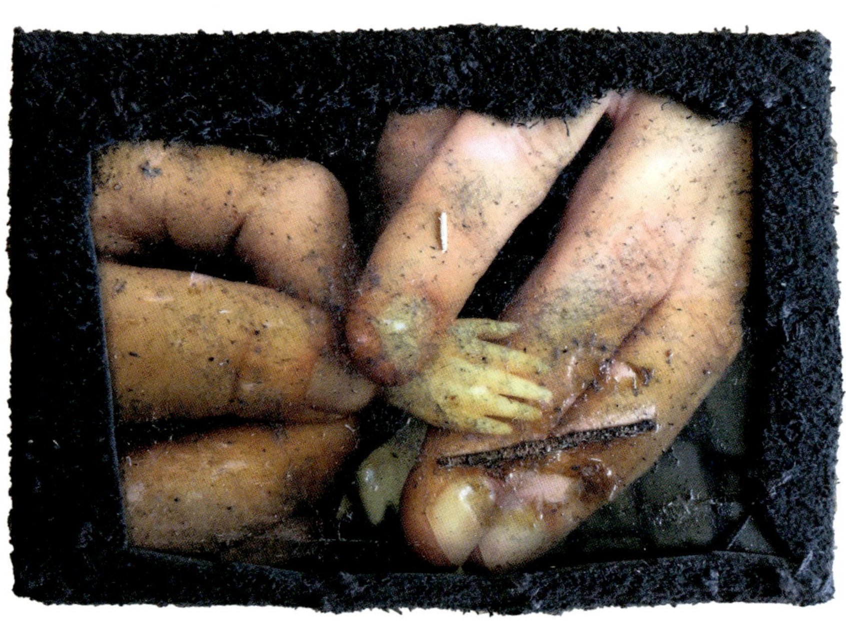

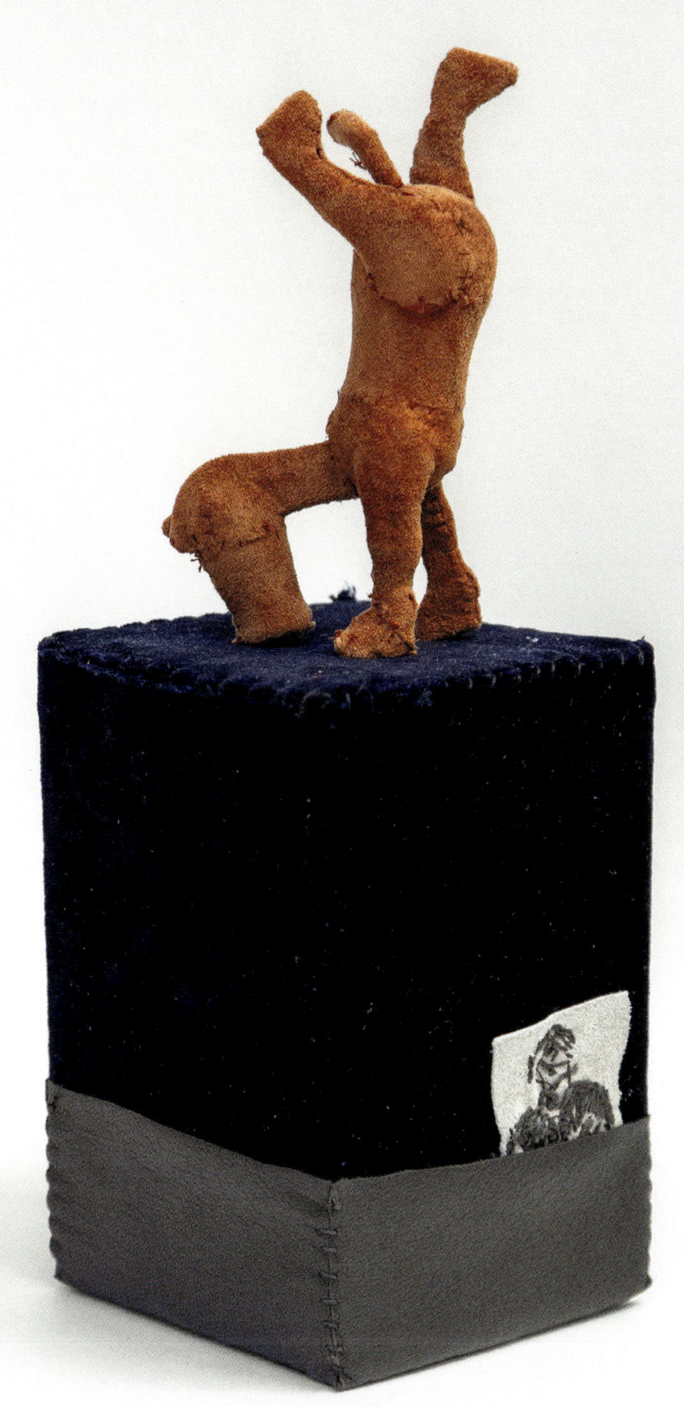

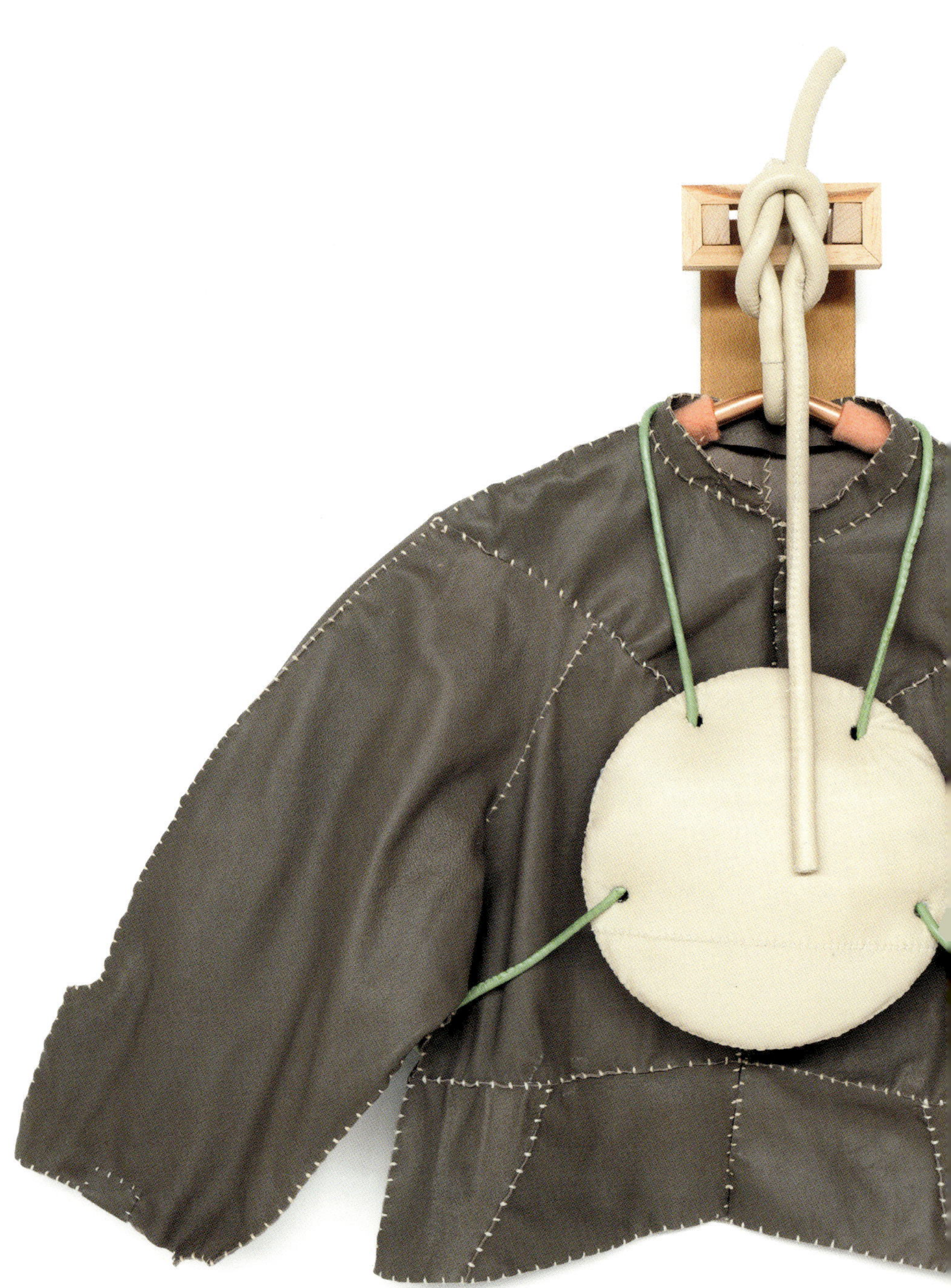

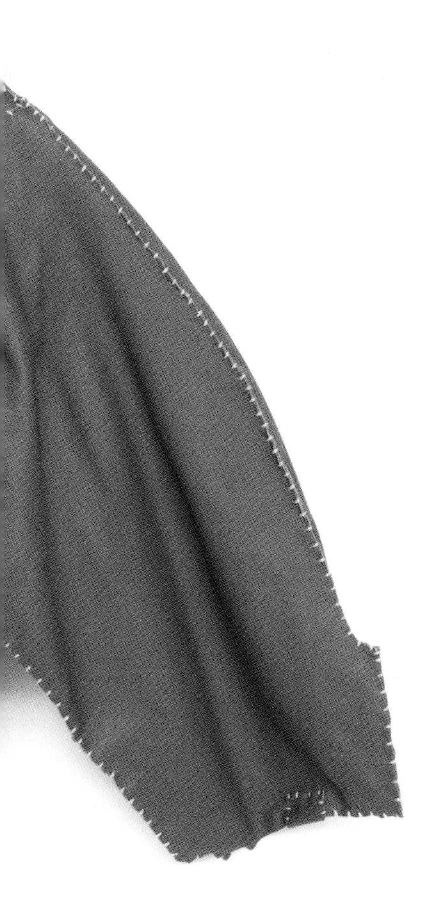

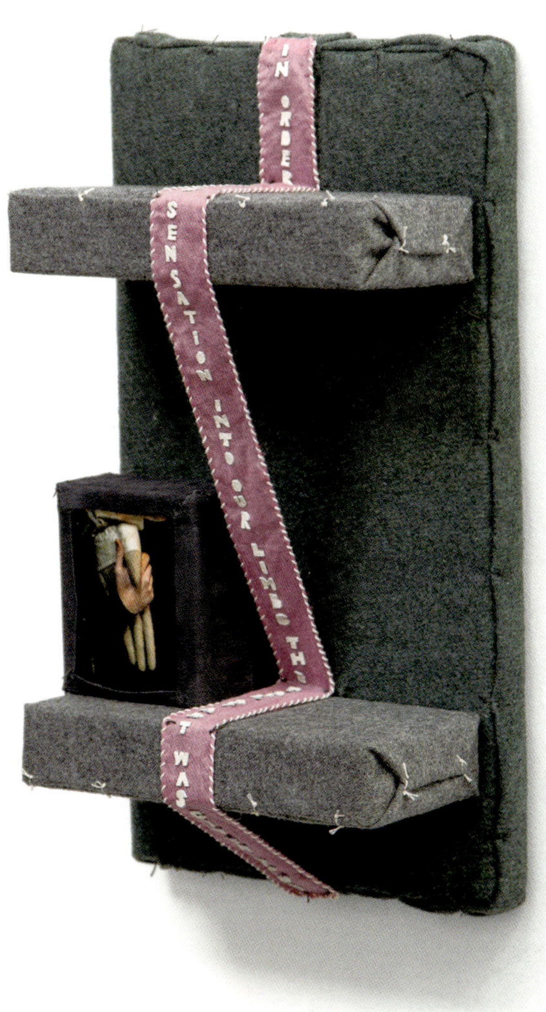
IN ORDE
SENSATION INTO OUR LIMBS TH
T WAS

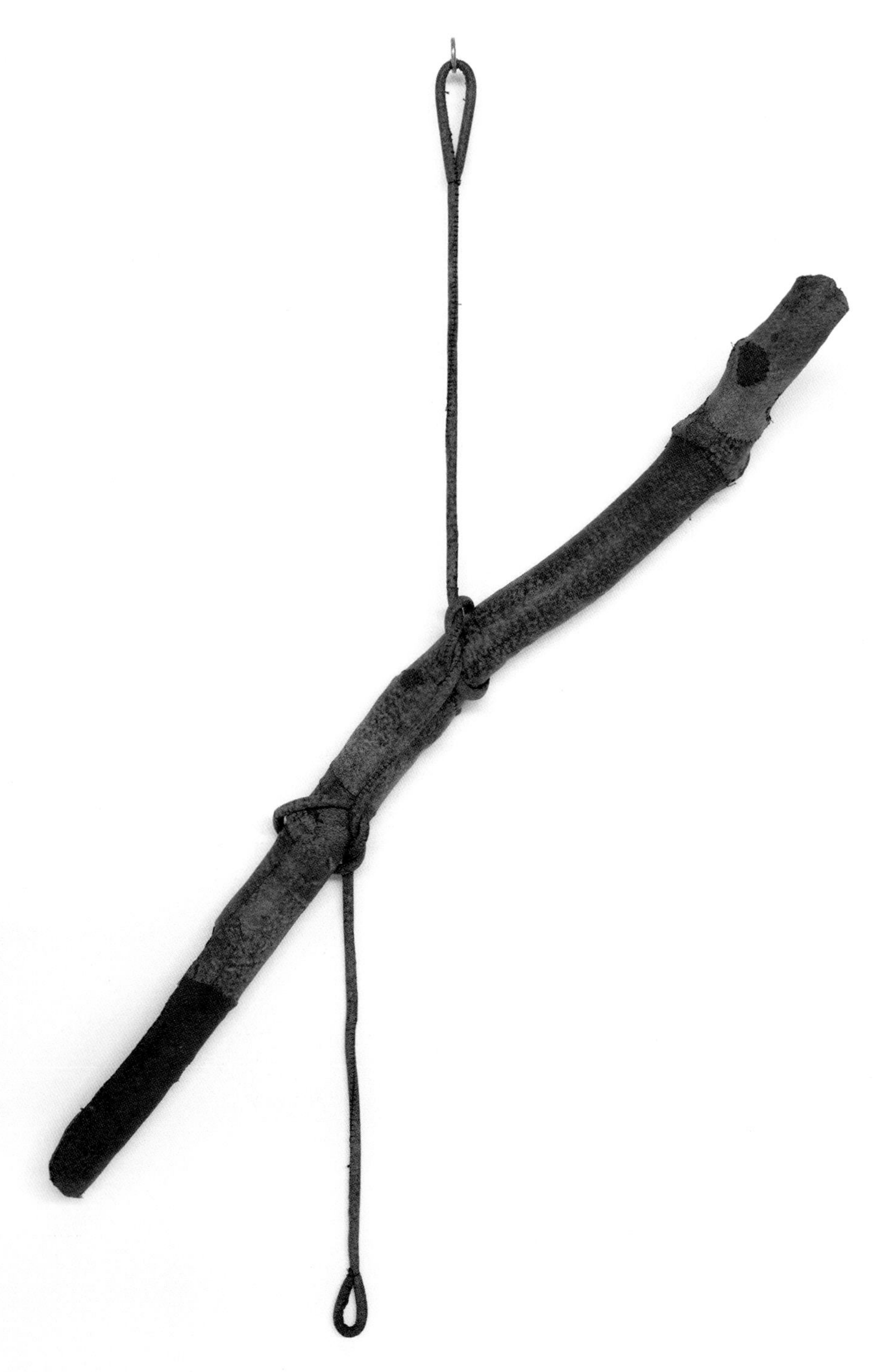

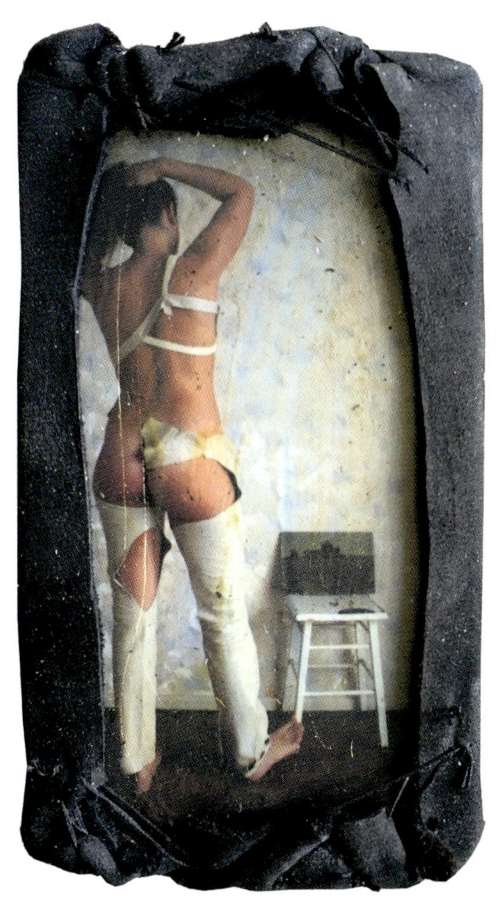

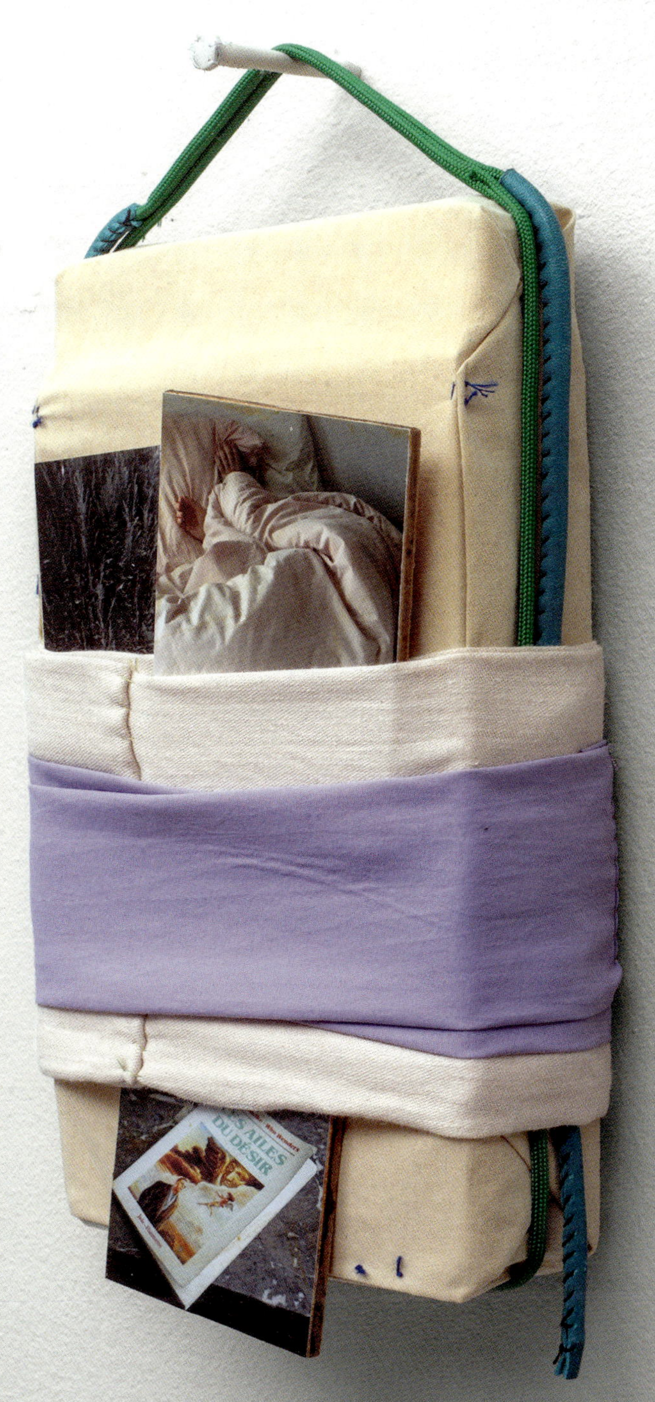
S AILES
DU DÉSIR

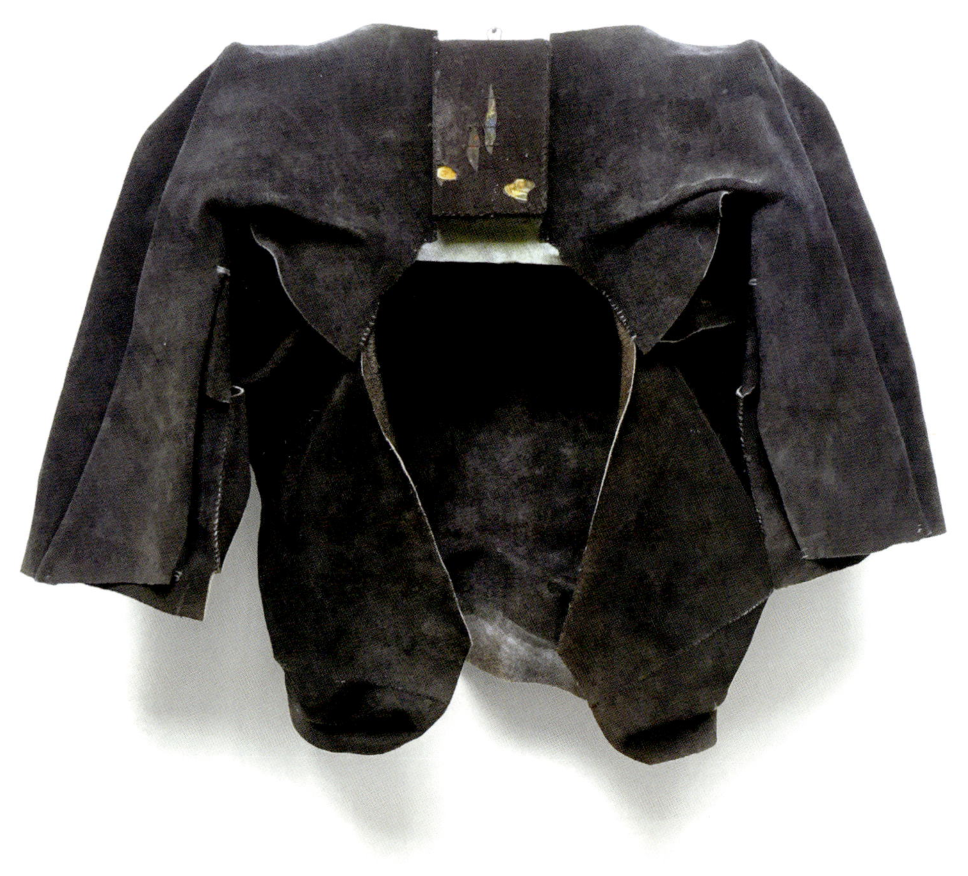

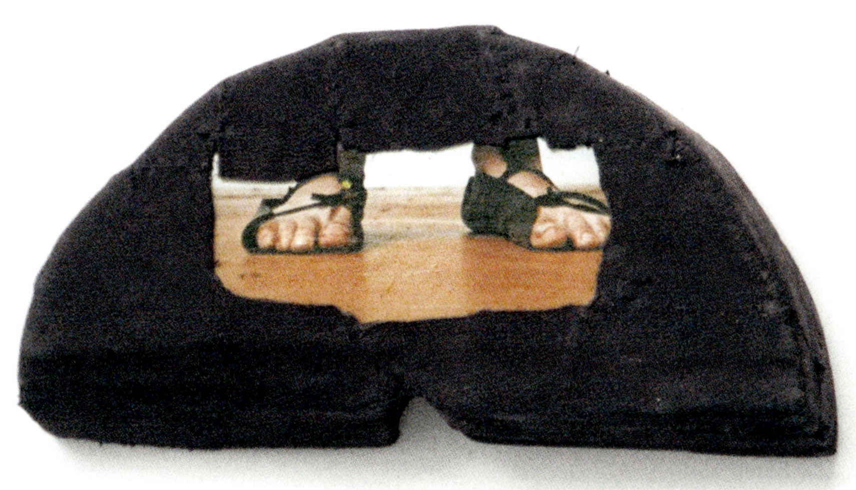

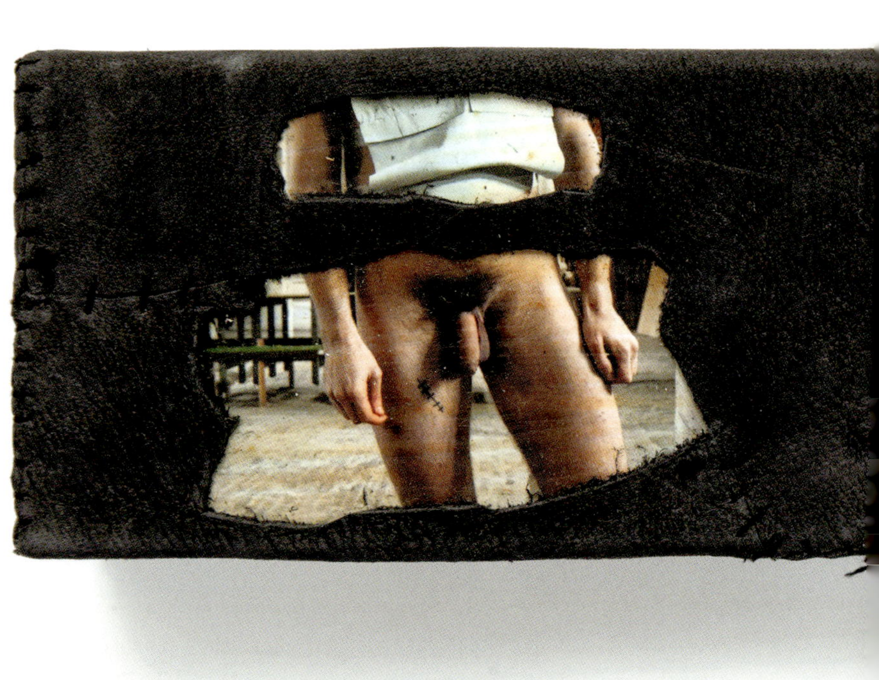

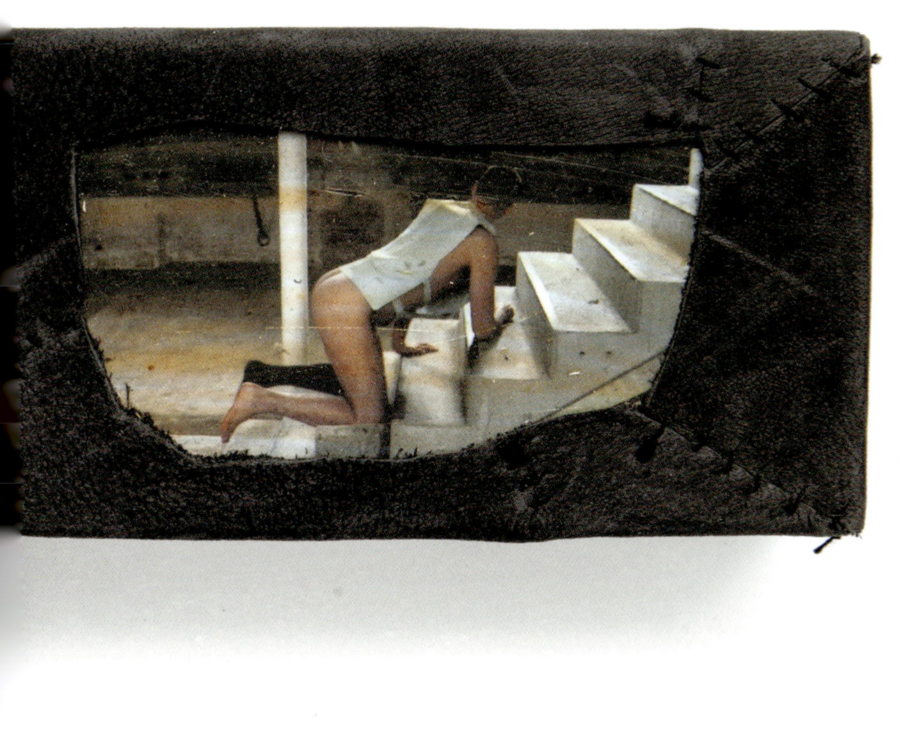

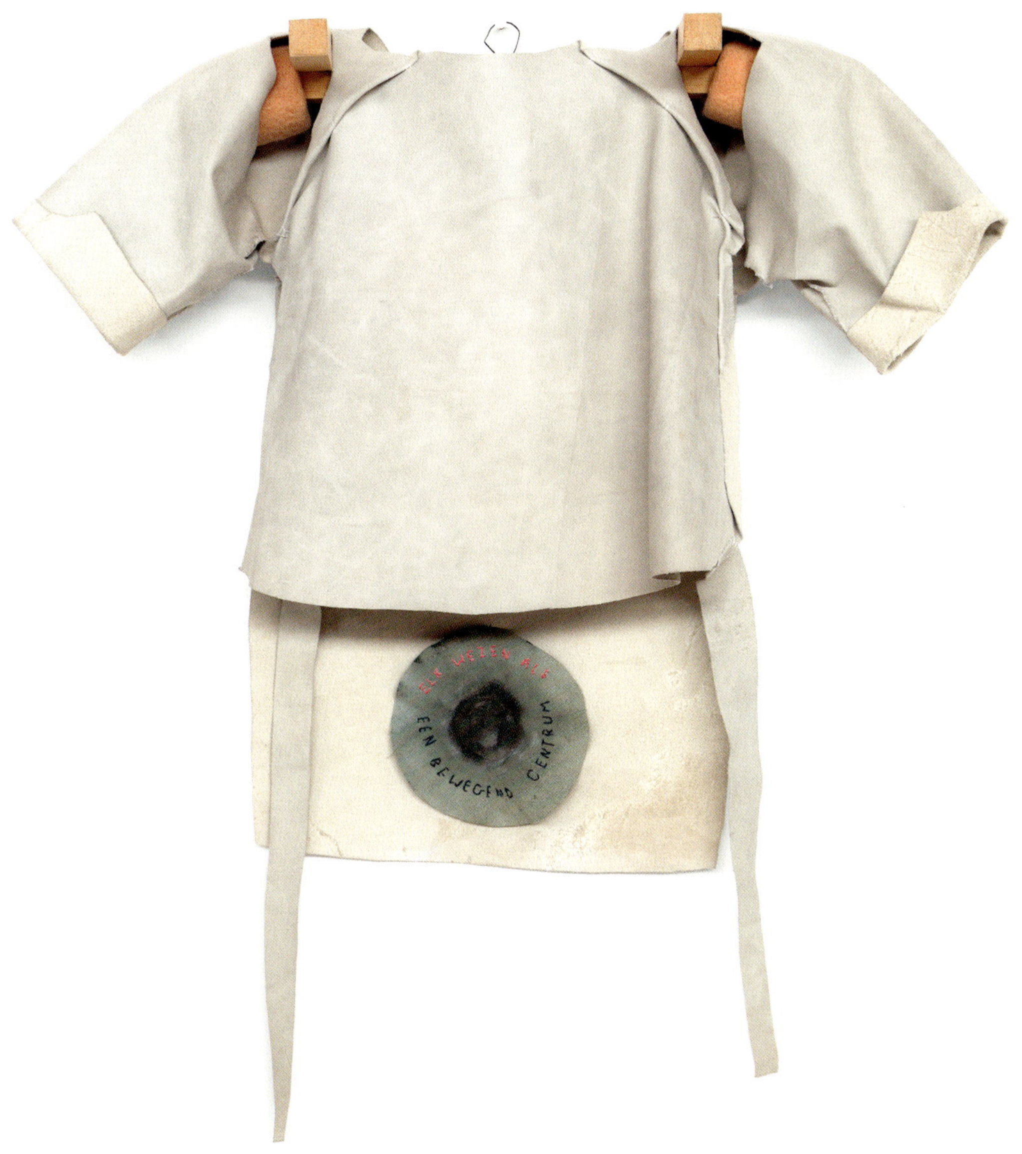
ELK WEZEN ALS
EEN BEWEGEND CENTRUM

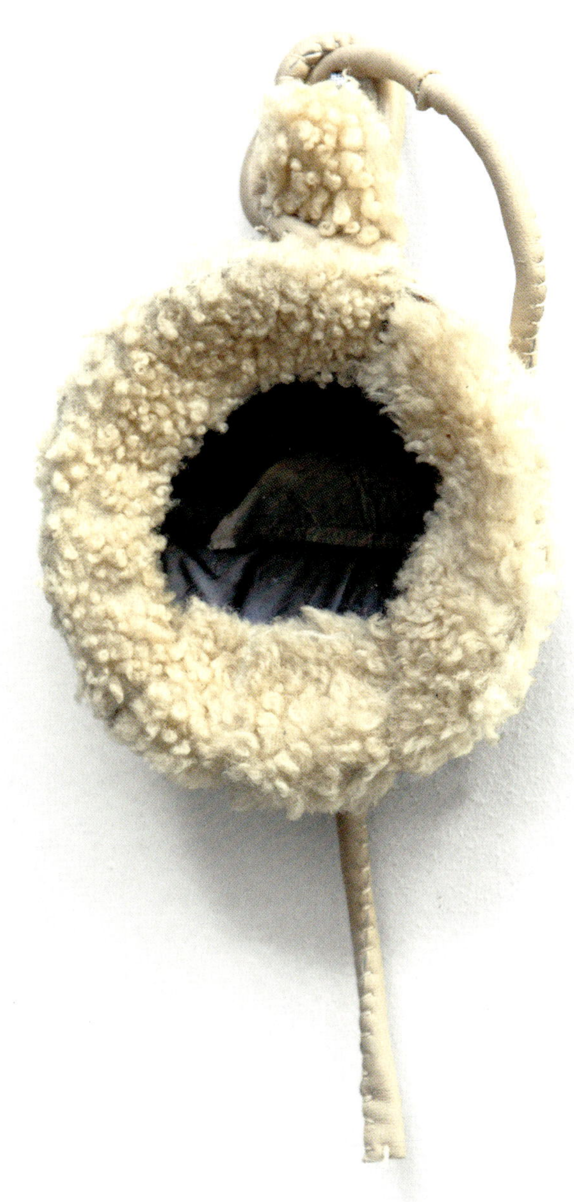

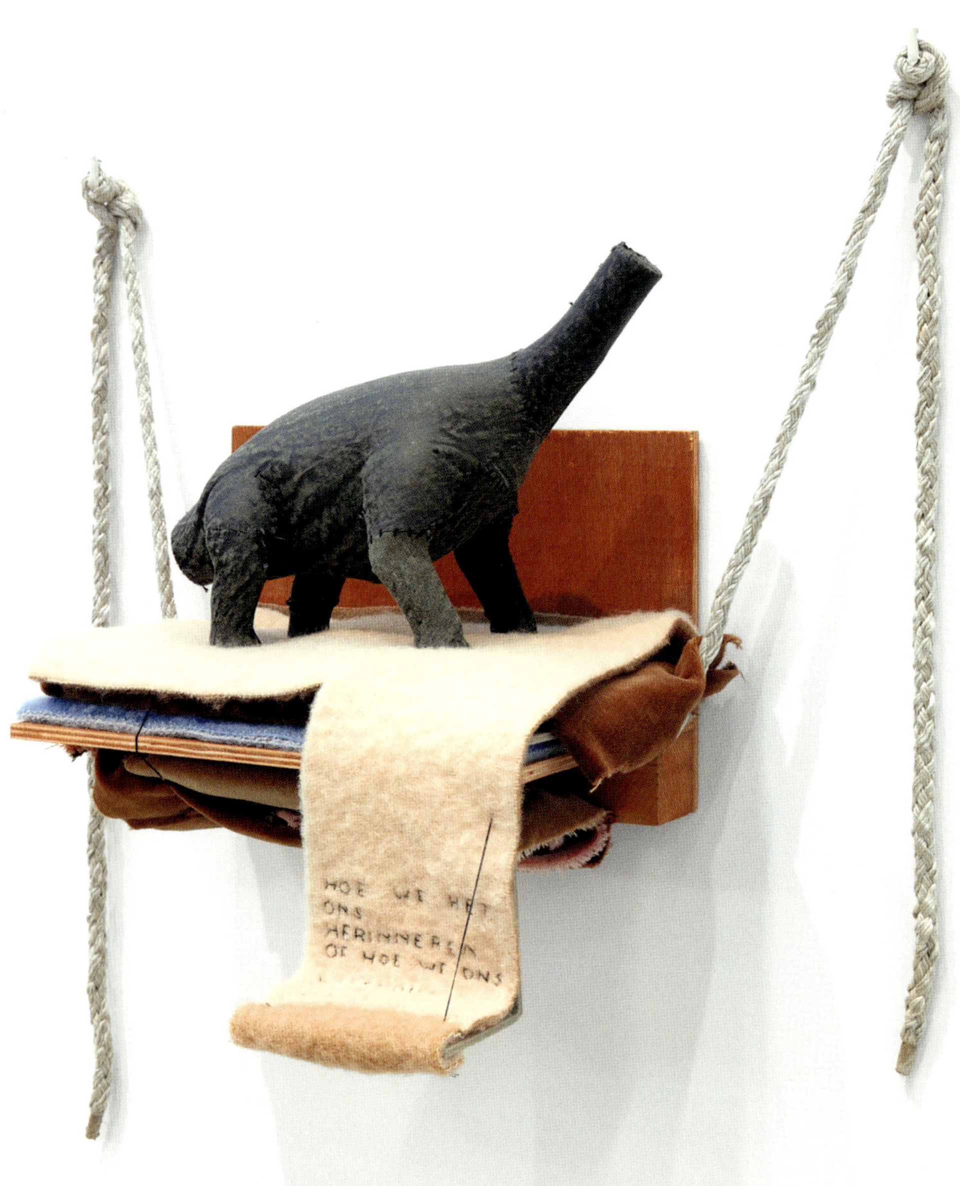
HOE WE HET
ONS
HERINNEREN
OF HOE WE ONS

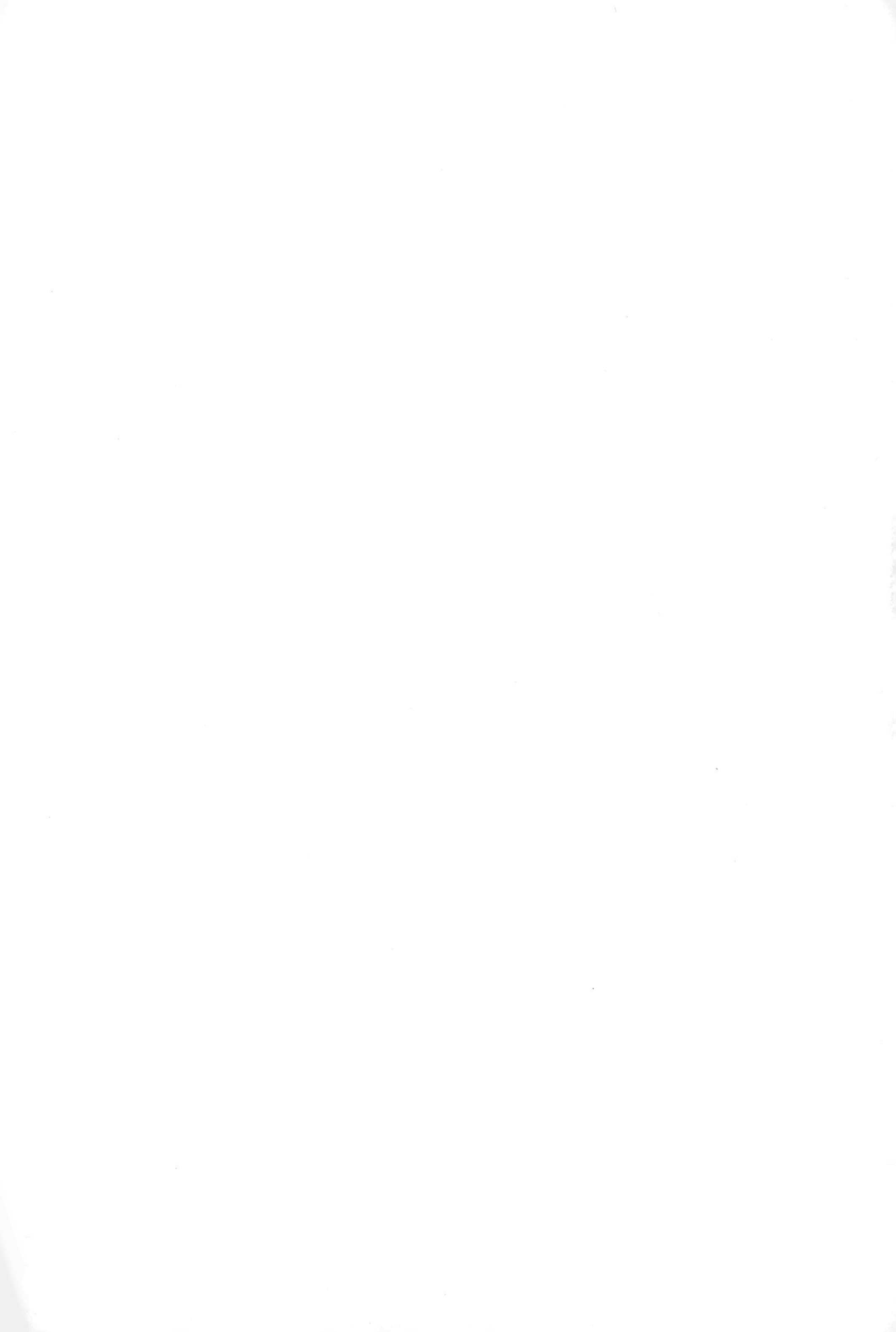

1. *It could be gone with a simple declaration – Ik maak een kamer voor je gereed*, 2022, 43 x 20 x 41 cm. Bois, laine, cuir, image contrecollée et vernie sur bois, cuir / Wood, wool, leather, picture glued onto wood and varnished, leather.

2. *Context 15 (her home)*, 2021, 9 x 13 x 2 cm. Image contrecollée et vernie sur bois, cuir / Photograph glued onto wood and varnished, leather.

3. *Context 19*, 2021, 9 x 13 x 2 cm. Image contrecollée et vernie sur bois, cuir / Photograph glued onto wood and varnished, leather.

4. *Prendre le temps*, 2015-2021, 30 x 16 cm. Laine, argile recouverte de cuir, image contrecollée et vernie sur bois / Wool, clay covered with leather, photograph glued onto wood and varnished.

5. *Steken laten vallen*, 2022, 94 x 23 x 8 cm. Laine recouverte de soie, cuir, rembourrage polyester, corde recouverte de cuir, corde / Wool covered with silk fabric, leather, polyester filling, rope covered with leather, rope.

6. *In onze licchamen vergeten – Oubliés dans nos corps*, 2022, 65 x 60 x 20 cm. Cuir, rembourrage polyester, cuivre / Leather, polyester filling, copper.

7. *Rendre visite*, 2022, 15 x 15 x 10 cm. Images contrecollées et vernies sur bois, cuir / Photographs glued onto wood and varnished, leather.

8. *The dark place*, 2022, 42 x 13 x 11 cm. Image contrecollée et vernie sur bois, cuir, velours, corde / Photograph glued onto wood and varnished, leather, velvet, rope.

9. *Context 16*, 2021, 13 x 9 x 2 cm. Image contrecollée et vernie sur bois, cuir / Photograph glued onto wood and varnished, leather.

10. *Context 2 (la veste de la Martha)*, 2021, 7 x 11 x 2,5 cm. Image d'une sculpture contrecollée et vernie sur bois, cuir / Photograph of a sculpture glued onto wood and varnished, leather.

11. *Tears for fears, Heurs & Malheurs*, 2023 (détail / detail). Bois, cuir, corde recouverte de soie / Wood, leather, rope covered in silk.

12. *Context 17*, 2021, 9 x 13 x 2 cm. Image contrecollée et vernie sur bois, cuir / Photograph glued onto wood and varnished, leather.

13. *Traverser sans filet*, 2023, 24,5 x 12,5 x 8 cm. Formes en céramique recouvertes de cuir, mini tendeur recouvert de cuir, bois, coton / Ceramic shapes covered with leather, mini elastic tensioner covered with leather, wood, cotton.

14. *And, if I must, fall*, 2022, 23 x 8 x 3,5 cm. Image contrecollée et vernie sur bois, corde, cuir / Photograph glued onto wood and varnished, rope, leather.

15. *Context 13*, 2021, 13 x 9 x 2 cm. Image contrecollée et vernie sur bois, cuir / Photograph glued onto wood and varnished, leather.

16. *Et que je resterais là, immortelle, oubliant avec quelle facilité, je pourrais, une fois encore me relever – En dat ik daar zou staan, onsterfelijk, vergetend hoe gemakkelijk ik nog maar eens zou kunnen opstaan*, 2022, 80 x 22 x 27 cm. Bois recouvert de coton, bois recouvert de laine, sculpture en céramique brisée / Wood covered with fabric, wood covered with wool, broken ceramic sculpture.

17. *Je te protège*, 2022, 20 x 14,5 x 5 cm. Caoutchouc recouvert de velours, corde recouverte de cuir, image vernie sur bois, cuir / Rubber covered with velvet, rope covered with leather, varnished image on wood, leather.

18. *Context 10 (trois mains)*, 2021, 7,5 x 11 x 2 cm. Image contrecollée et vernie sur bois, cuir / Photograph glued onto wood and varnished, leather.

19. *Things both great and small*, 2022, 28 x 10 x 10 cm. Bois, velours, cuir, jouet cheval recouvert de cuir, portrait brodé sur cuir / Wood, velvet, leather, horse toy covered with leather, embroidered portrait on leather.

20. *Het schild – Le bouclier*, 2022, 75 x 85 x 12 cm. Bois, cuir, corde recouverte de cuir, cuivre, laine / Wood, leather, rope covered with leather, copper, wool.

21. *In order to return sensation into our limbs, de tool of art was given to us*, 2022, 41 x 22 x 12 cm. Bois recouvert de laine, coton, cuir, image contrecollée et vernie sur bois, cuir / Wood covered with wool, cotton, leather, image glued onto wood and varnished, leather.

22. *Baton 7*, 2022, 95 x 16 cm. Branche d'arbre et corde recouvertes de cuir / Tree branch and rope covered with leather.

23. *Context 18 – Les coudes, les omoplates, les flancs, les fesses, les jambes, les talons, les orteils*, 2021, 12 x 6,5 x 3,5 cm. Photo contrecollée et vernie sur bois, cuir, cordelette / Photograph glued onto wood and varnished, leather, cord.

24. *Synonymes de consolation*, 2023, 16 x 32 x 7 cm. Bois recouvert de coton, corde recouverte de cuir, coton, photos contrecollées sur bois / Wood covered with cotton, rope covered with leather, cotton, photographs glued onto wood.

25. *Qui accompagne I*, 2016-2021, 50 x 65 x 9 cm. Bois, cuir, image contrecollée et vernie sur bois, cuir / Leather, wood, photograph glued onto wood and varnished, leather.

26. *Anita*, 2022, 10 x 21 x 4 cm. Image contrecollée et vernie sur bois, cuir / Photograph glued onto wood and varnished, leather.

27. *Context 11 (the man who is asking)*, 2022, 6,5 x 24 x 4 cm. Images contrecollées et vernies sur bois, cuir / Photographs glued onto wood and varnished, leather.

28. *Qui accompagne II*, 2015-2021, 59 x 65 x 16,5 cm. Cuir, bois, broderie sur cuir / Leather, wood, embroidered leather.

29. *Moments de chance*, 2022, 29 x 13 x 4 cm. Bois, image, cuir, corde / Wood, photograph, leather, rope.

30. *Hoe we het ons herinneren, of hoe we ons weerhouden te herinneren – Comment on s'en souvient ou comment on refuse de s'en souvenir*, 2021, 40 x 45 x 20 cm. Bois, velours et laines anciens, corde, jouet cassé de Luiz recouvert de cuir / Wood, old velvet and wool fabrics, rope, Luiz's broken toy covered with leather.

31. *Ze zijn kapot, ze werken nog - Elles sont cassées, elles marchent encore*, 2022, 42 x 15 x 25,5 cm. Marionnettes en bois sans têtes ni bottes, bois recouvert de velours, soie, laine / Headless and footless wooden puppets, wood covered with velvet, silk, wool.

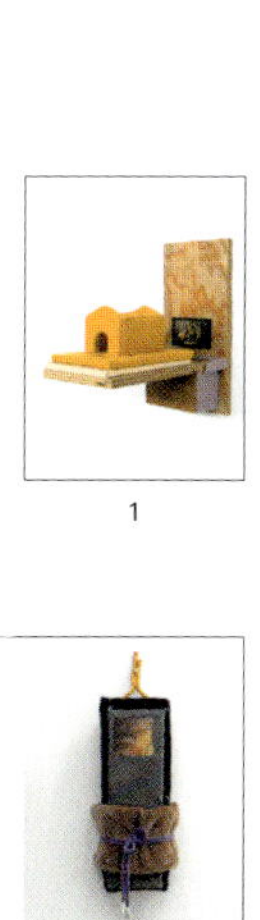

1

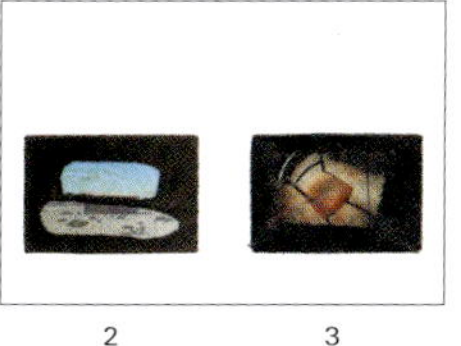

2 3

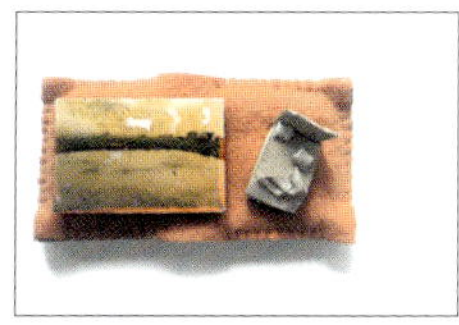

4

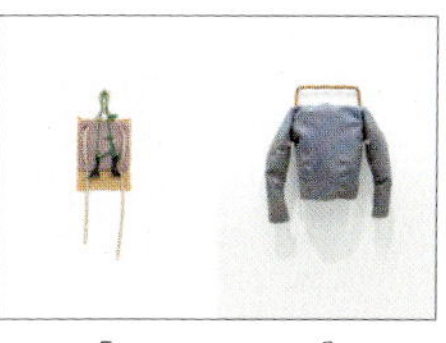

5 6

7 8

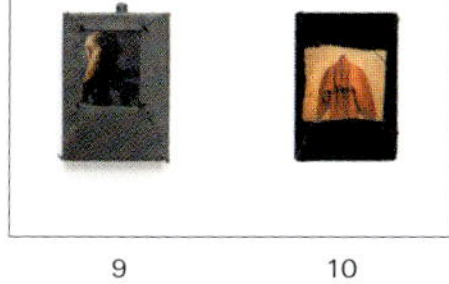

9 10

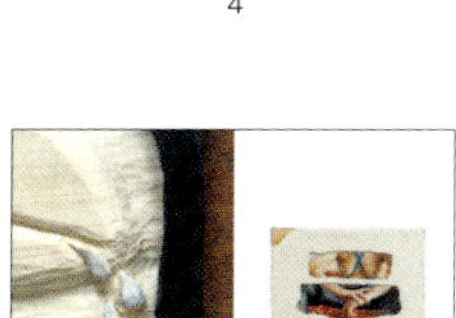

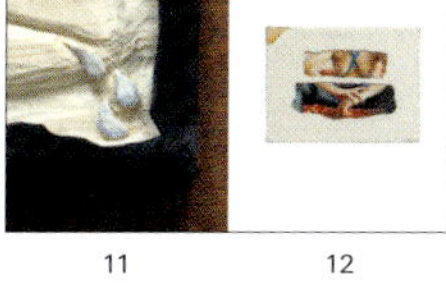

11 12

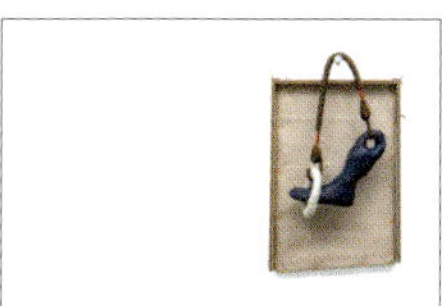

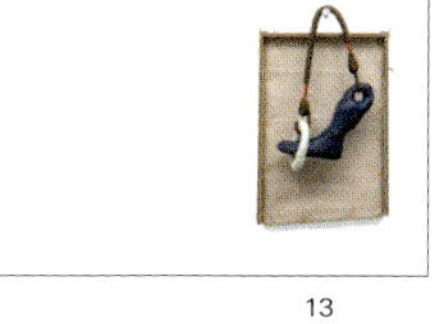

13

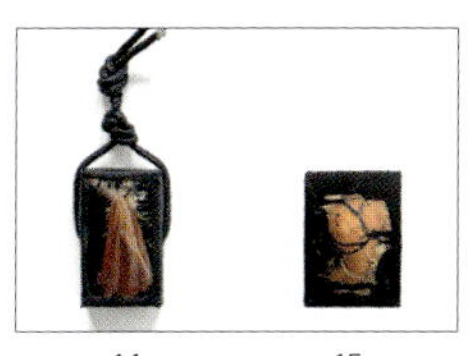

14 15

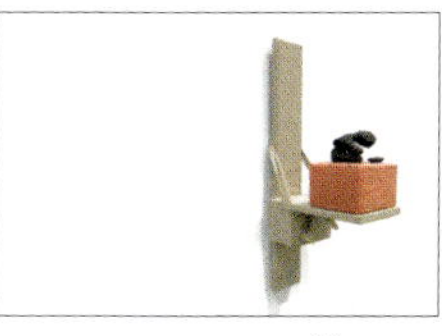

16

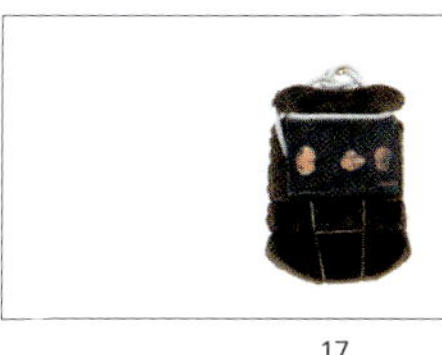

17

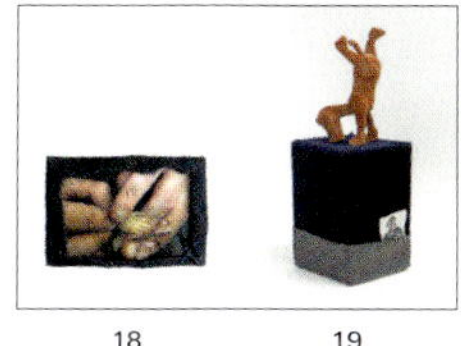

18 19

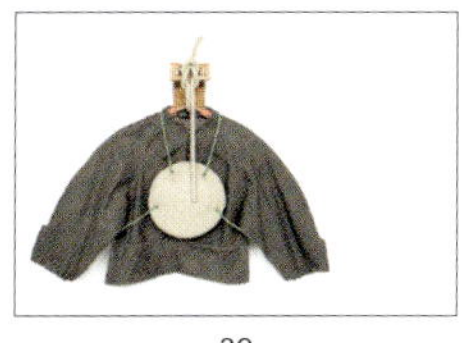

20

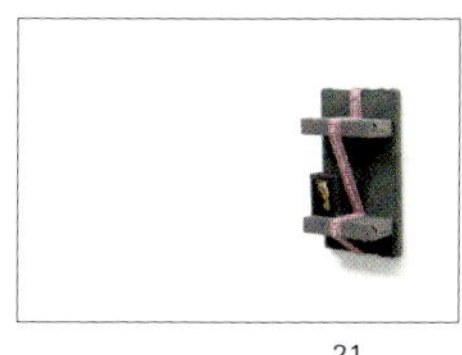

21

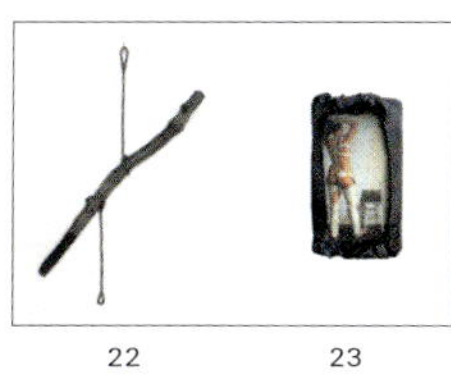

22 23

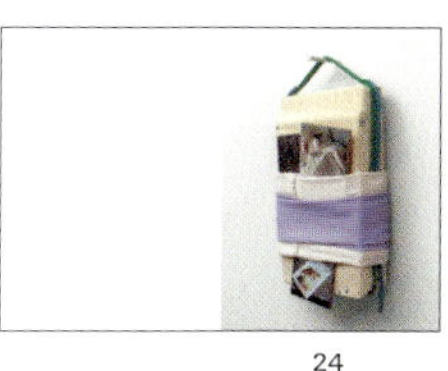

24

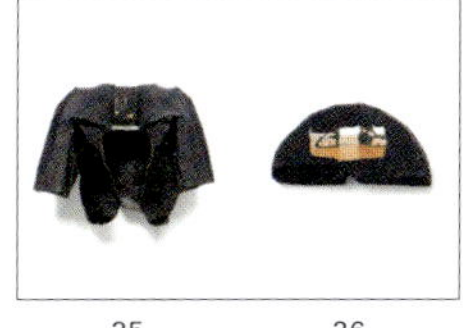

25 26

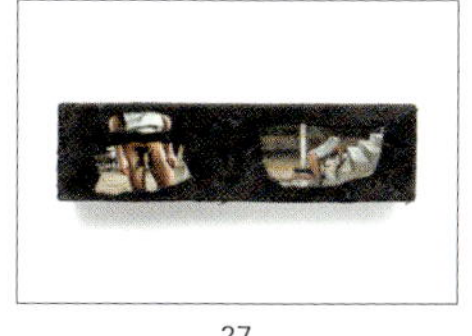

27

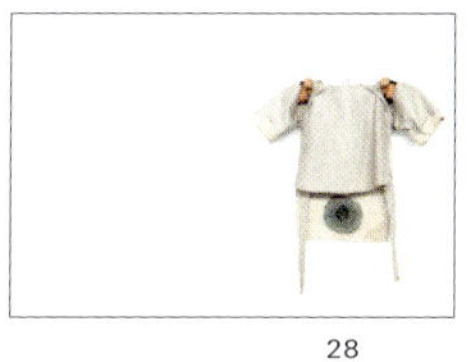

28

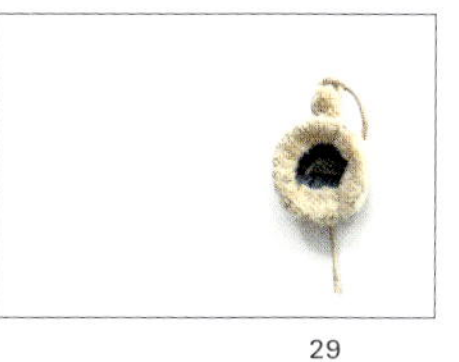

29

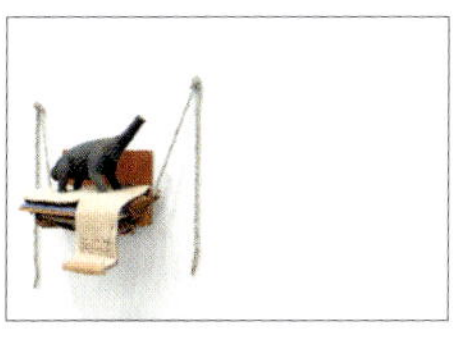

30

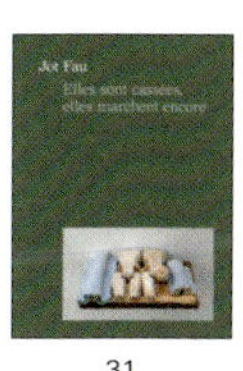

31

L'artiste / The artist

Jot Fau (Ieper, BE, °1987) vit et travaille à Bruxelles. Elle est diplômée d'un Master de l'École supérieure des Beaux-Arts et Design de Marseille Méditerranée. Jot Fau est une artiste multidisciplinaire. Elle pratique la sculpture, l'objet, l'installation et la photographie. Elle a également une pratique sculpturale du vêtement et du costume de scène. Elle croise et interprète régulièrement dans son travail une ou plusieurs de ces disciplines. / Jot Fau (Ieper, BE, °1987) lives and works in Brussels. She holds a Master's degree from the École Supérieure des Beaux-Arts et Design de Marseille Méditerranée. Jot Fau is a multidisciplinary artist. She creates objects, sculptures, installations, and photographs. She also makes clothing and costumes for art and dance performances, employing a sculptural approach. She regularly combines and integrates one or more of these disciplines into her work.

Remerciements / Acknowledgments

Jot Fau tient à remercier / Jot Fau would like to thank
Émile Barret, Selia Çakir, Christine De Naeyer, Astrid Fieuws, Chantal Garreyn, Adrien Grimmeau, Collin Hotermans et / and Magali Léonard.

Cet ouvrage fait partie de la collection *non-couché*, coéditée par CFC-Éditions et l'ISELP. / This book is part of the collection *Non-Couché*, published by CFC-Éditions and ISELP.

non-couché fait partie de *l'impatient* de CFC-Éditions, avec le soutien de la Commission communautaire française. / *Non-Couché* is part of *L'Impatient* of CFC-Éditions, published with the support of the Commission Communautaire Française, Brussels.

L'ISELP bénéficie du soutien de la Fédération Wallonie-Bruxelles, de la Commission communautaire française et d'Actiris. / ISELP is supported by the Fédération Wallonie-Bruxelles, the Commission Communautaire Française and Actiris.

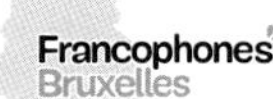

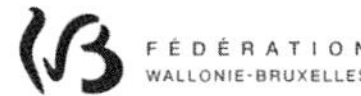

Direction & coordination / Direction & Follow Up
Christine De Naeyer (CFC-Éditions)
Adrien Grimmeau (ISELP)

Conception graphique de la collection *non-couché* / Design for the *Non-Couché* ['Uncoated'] collection
Collin Hotermans

Mise en page / Graphic Design
Jot Fau & **Collin Hotermans**

Traduction / Translation
David & **Jonathan Michaelson** [EN]

Relecture / Proofreading
Thomas Keukens

Impression / Printing
Graphius

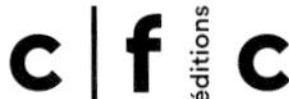

Place des Martyrs, 14
1000 Bruxelles / Brussels
Belgique / Belgium
www.maisoncfc.be

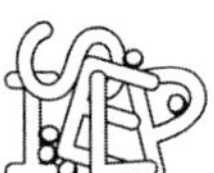

Boulevard de Waterloo, 31
1000 Bruxelles / Brussels
Belgique / Belgium
www.iselp.be

ISBN 978-2-87572-091-7
Dépôt légal / Legal deposit D/2023/5165/8